Ein Cityroller für Carla

Carla möchte sich einen Cityroller für 107 € kaufen.
86 € hat sie bereits gespart.

Frage: ______________________________

____

Rechnung:

Antwort: ______________________________

Lösung

Frage: Wie viel Geld fehlt Carla noch?

Rechnung: 107 € – 86 € = 21 €

Antwort: Carla fehlen noch 21 €.

Im Ballett

A. Im Opernhaus gibt es 1 500 Zuschauerplätze. Die nächsten Ballettaufführungen sind noch nicht ausverkauft.

Berechne, wie viele Karten es noch für die einzelnen Aufführungen gibt.

Aufführung	Verkaufte Karten
Schwanensee	920
Cinderella	759
Dornröschen	685

B. Ergänze die Antworten.

1. Für „Schwanensee“ gibt es noch ________ Karten.
2. Für „Cinderella“ gibt es noch ________ Karten.
3. Für „Dornröschen“ gibt es noch ________ Karten.
4. Für ________________ gibt es noch die meisten Karten.
5. Für ________________ gibt es noch die wenigsten Karten.

Lösung

A. Rechnung: 1 500 – 920 = 580
1 500 – 759 = 741
1 500 – 685 = 815

B. 1. Für „Schwanensee“ gibt es noch 580 Karten.
2. Für „Cinderella“ gibt es noch 741 Karten.
3. Für „Dornröschen“ gibt es noch 815 Karten.
4. Für „Dornröschen“ gibt es noch die meisten Karten.
5. Für „Schwanensee“ gibt es noch die wenigsten Karten.

Simone und Sylvia

Die Freundinnen Simone und Sylvia wollen sich treffen. Simone geht zu Fuß und läuft in einer Minute 150 m. Sylvia fährt mit dem Fahrrad und kommt in einer Minute 280 m weit. Nach 2 Minuten treffen sie sich. Wie weit wohnen die beiden Freundinnen voneinander entfernt?

A. Vervollständige die Skizze.

Nach 1 Minute

Nach 2 Minuten

B. Rechnung:

Antwort: ______________________________

Lösung

B. Rechnung: 150 m + 150 m + 280 m + 280 m = 860 m

Antwort: Die beiden Freundinnen wohnen 860 m auseinander.

Fahrt in den Urlaub

Familie Knörz fährt mit dem Auto in den Urlaub. Anna und Lars rechnen bei jeder Rast aus, wie weit sie noch fahren müssen. Insgesamt sind es 870 km bis zum Reiseziel.
Bis zur ersten Rast fahren sie 219 km, nach weiteren 237 km machen sie ihre zweite Pause und nach weiteren 316 km folgt die letzte Rast.

Frage: Wie weit müssen sie danach noch bis zum Reiseziel fahren?

Rechnung:

Antwort: ____________________

Lösung

Rechnung: 870 – 219 – 237 – 316 = 98

Antwort: Nach der letzten Rast liegen noch 98 km Fahrtstrecke vor ihnen.

Majas Blumenbeet

Maja darf ein eigenes Blumenbeet pflanzen.
Sie hat 7 unterschiedliche Blumensorten und
hat von jeder Sorte jeweils 6 Samen gesät.
Wie viele Blumen blühen jetzt?
Zeichne eine Skizze und rechne.

Skizze

Rechnung:

Antwort: ______________________________

Lösung

Rechnung: $7 \cdot 6$ Blumen = 42 Blumen

Antwort: Es blühen 42 Blumen.

Die hässliche Hexe Warzennase

Hexe Warzennase möchte gerne hübsch sein. Dafür braut sie sich einen Zaubertrank. Damit der Trank bei ihr richtig wirkt, braucht sie jedoch von allen Zutaten neunmal mehr. Rechne für sie das Rezept um.

Schönheits-Limo
2 Blätter Glücksblume
6 Rosenknospen
4 Zauberwürmer
7 Blätter Feenkraut

Rezept für die Hexe
____ Blätter Glücksblume
____ Rosenknospen
____ Zauberwürmer
____ Blätter Feenkraut

Lösung

Rezept für die Hexe
18 Blätter Glücksblume
54 Rosenknospen
36 Zauberwürmer
63 Blätter Feenkraut

Gerecht teilen

A. Nils teilt 28 Bonbons auf seine drei Freunde und sich auf.
Wie viele Bonbons bekommt jeder?

Rechnung:

Antwort:

B. Sandra und ihre drei Geschwister müssen 40 € gerecht unter sich aufteilen. Wie viel bekommt jeder?

Rechnung:

Antwort:

Lösung

A. Rechnung: 28 Bonbons : 4 = 7 Bonbons

Antwort: Jeder bekommt 7 Bonbons.

B. Rechnung: 40 € : 4 = 10 €

Antwort: Jedes Geschwisterteil bekommt 10 €.

Freundschaftsbänder knüpfen

Meike knüpft für ihre zwei Freundinnen jeweils ein Freundschaftsband. Für beide Bänder zusammen muss sie 828 Knoten knüpfen. In einer Minute schafft sie 9 Knoten. Wie lange knüpft sie an den beiden Freundschaftsbändern?

Rechnung:

Antwort: ______________________________

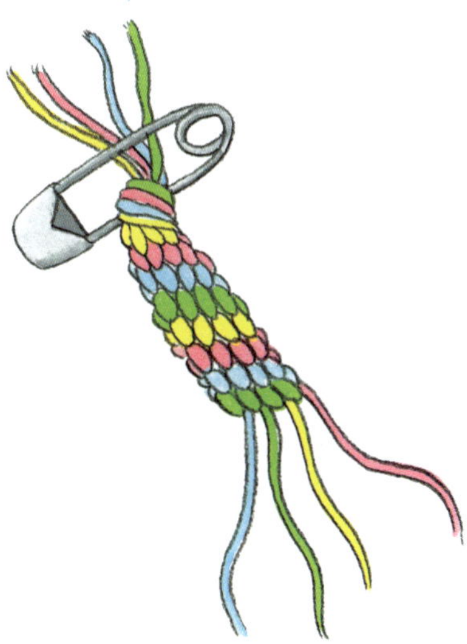

Gib die Antwort in Stunden (h) und Minuten (min) an. 60 min = 1 h. Versuche doch, auch ein Freundschaftsband zu knüpfen. Bist du schneller als Meike oder langsamer?

Lösung

Rechnung: 828 : 9 = 92

Antwort: Sie knüpft 1 h 32 min.

Die Bootsfahrt

Kais Klasse unternimmt einen Ausflug zum nahe gelegenen See. Alle 26 Kinder wollen eine Bootsfahrt machen. Es gibt 5 Boote, die jeweils 4 Kindern Platz bieten. Reicht das für alle Kinder?

Rechnung:

Antwort: ______________________________

Lösung

Rechnung: $5 \cdot 4$ Plätze = 20 Plätze

Antwort: Die Boote reichen nicht für alle Kinder,
6 Kinder können nicht gleich mitfahren.

Die Kinderballettschule

Nele und Federica besuchen eine Kinderballettschule.
Ihre Tanzkünste dürfen sie in drei Vorstellungen aufführen.
Im Saal gibt es Platz für 173 Zuschauer. Alle Vorstellungen sind ausverkauft.
Wie viele Karten wurden insgesamt verkauft?

A. Unterstreiche alle wichtigen Informationen.

B. Rechnung:

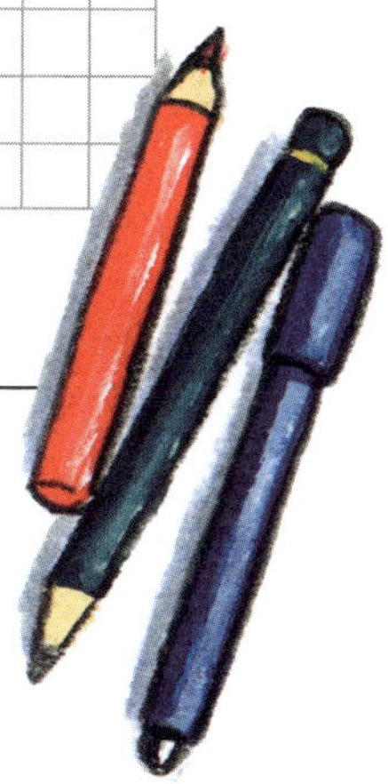

Antwort: ______________________________

Lösung

B. Rechnung: 173 Karten · 3 = 519 Karten

Antwort: Es wurden 519 Karten verkauft.

Eier verpacken

Svea macht mit ihren Eltern Urlaub auf dem Bauernhof. Sie darf beim Verpacken der Eier helfen. Insgesamt werden 336 Eier in Schachteln gepackt. In jede Schachtel kommen 6 Eier. Wie viele Eierschachteln wurden befüllt?

Rechnung:

Antwort: ______________________________

Lösung

Rechnung: 336 : 6 = 56

Antwort: Es wurden 56 Schachteln befüllt.

Ein neues Parkhaus

Nicht weit von der Schule entfernt wird ein großes neues Parkhaus gebaut. Es wird acht Stockwerke haben. Die erste Etage soll 50 Autos Platz bieten, alle anderen Stockwerke haben jeweils 63 Stellplätze. Wie viele Autos können höchstens in dem neuen Parkhaus parken?

Rechnung:

Antwort: ______________________________

Lösung

Rechnung: $7 \cdot 63 = 441 + 50 = 491$

Antwort: Es können 491 Autos parken.

Die gute Tat

Beim großen Schulfest bringen Schüler der Klassen 3a, 3b und 3c ein Theaterstück auf die Bühne. Sie werden das Stück vier Mal aufführen. Der Eintritt kostet 4 €. Mit den Einnahmen soll eine Schule in Indien gefördert werden. Am Mittwoch kommen 75 Zuschauer, am Donnerstag 58, am Freitag 122 und am Samstag 131 Zuschauer.

A. Wie viele Zuschauer sind es insgesamt?

Rechnung: ____

Antwort: ____

B. Wie viel Geld kann nach Indien überwiesen werden?

Rechnung: ____

Antwort: ____

Lösung

A. Rechnung: 75 + 58 + 122 + 131 = 386

Antwort: 386 Zuschauer kommen insgesamt.

B. Rechnung: 386 · 4 € = 1 544 €

Antwort: 1 544 € kommen für Indien zusammen.

Verhexte Zahlen

A. Wenn ich von meiner Zahl 53 subtrahiere und zum Ergebnis 164 dazuzähle, erhalte ich 756.
Trage die Zahlen in die Rechenkette ein und rechne.

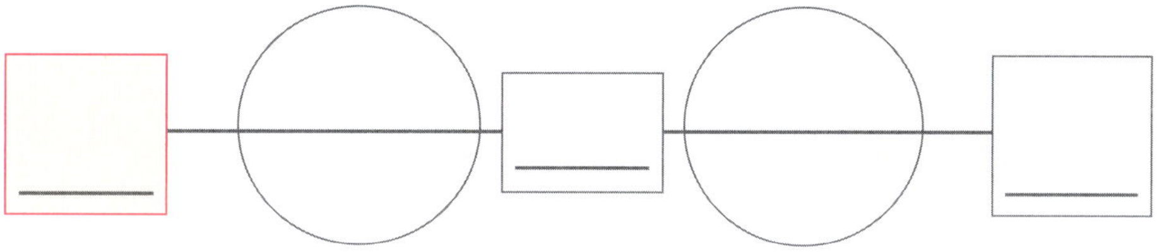

B. Ich denke mir eine Zahl, dividiere sie durch 6 und multipliziere das Ergebnis mit 9. So erhalte ich 108.
Trage die Zahlen in die Rechenkette ein und rechne.

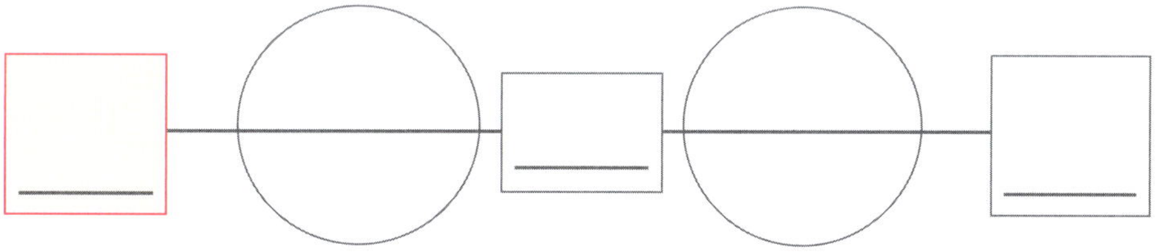

Denke daran, was du über Umkehraufgaben gelernt hast!

Lösung

A.

645 → (− 53 / + 53) → = 592 → (+ 164 / − 164) → = 756

B.

72 → (: 6 / · 6) → = 12 → (· 9 / : 9) → = 108

Zahlen finden

A. Fred mag Knobelaufgaben. Er denkt sich eine zweistellige Zahl. Zuerst multipliziert er sie mit 6, dividiert dann durch 4 und erhält 51. Findest du heraus, welche Zahl Fred sich gedacht hat?

Antwort: ______________________________

B. Freds Schwester Zoe hat die Aufgabe gelöst. Nun stellt sie ihn auf die Probe. Sie denkt sich eine Zahl und addiert 472. Dann subtrahiert sie 699 und erhält 229. Welche Zahl hat sich Zoe gedacht?

Antwort: ______________________________

Lösung

A. Freds Zahl lautet 34.
Rechnung:

34 ←(: 6)— 204 ←(· 4)— 51

B. Zoes Zahl lautet 456.
Rechnung:

456 ←(− 472)— 928 ←(+ 699)— 229

Zahlensalat

Maja macht Mathe-Hausaufgaben. Sie hat sich einen Stichwortzettel zu ihrer Übung gemacht.

A. Welcher der Texte passt zu ihrem Stichwortzettel?

Stichwortzettel

$$\begin{array}{r} 25\,412 \\ +43\,250 \\ +38\,039 \end{array}$$

- ☐ 1. In einem Garten leben in der Erde 25 421 Würmer, 43 250 Ameisen und 38 309 andere Tiere.
- ☐ 2. Für ein Bundesligaspiel wollen noch 25 412 Fans eine Karte. Von den 43 250 Karten wurden bereits 38 039 verkauft.
- ☐ 3. Der Jahrmarkt lockt viele Menschen an. Am Freitag kommen 25 412 Menschen, am Samstag besuchen 43 250 Menschen den Jahrmarkt und am Sonntag sind es 38 039 Besucher.
- ☐ 4. Frau Mauritz möchte sich ein Auto kaufen. Der VW Passat kostet 25 412 €, der BMW 43 250 € und der Audi 38 039 €.

B. Finde eine passende Frage und rechne sie aus.

Frage: ______________________________

Rechnung: ______________________________

Antwort: ______________________________

Lösung

A. Richtiger Text: 3

B. **Frage:** Wie viele Menschen besuchten den Jahrmarkt von Freitag bis Sonntag?

Rechnung: 25 412 + 43 250 + 38 039 = 106 701

Antwort: Von Freitag bis Sonntag besuchten den Jahrmarkt 106 701 Menschen.

Noch mehr Zahlensalat

A. Welche Aufgabe passt zur folgenden Rechnung? Kreuze an.

	1	2	5	0	1	7
−		3	4	7	1	5

- ☐ 1. Im April besuchten 125 017 Menschen den Zoo. Am ersten Maiwochenende kamen noch 34 715 Besucher dazu.
- ☐ 2. Das Auto von Familie Haas hat 125 017 km auf dem Tacho. Im nächsten Jahr ist der Vater ca. 34 715 km beruflich mit dem Auto unterwegs.
- ☐ 3. Dividiere 125 017 durch die Zahl 34 715.
- ☐ 4. Das Freibad Sonnenschein wurde diesen Sommer von 125 017 Menschen besucht. Da es in diesem Jahr weniger regnete, waren es 34 715 Besucher mehr als im Vorjahr.

B. Finde eine passende Frage und rechne sie aus.

Frage: ______________________________

Rechnung: ______________________________

Antwort: ______________________________

Lösung

A. Richtiger Text: 4

B. **Frage:** Wie viele Menschen besuchten das Freibad im Vorjahr?

Rechnung: 125 017 – 34 715 = 90 302

Antwort: Im Vorjahr besuchten das Freibad 90 302 Menschen.

Blütenpracht

Von den 508 Pflanzen der 7 Blumenbeete im Park blühten 29 nicht auf.

Frage: ____

Rechnung:

Antwort: ____

Lösung

Frage: Wie viele Blumen sind aufgeblüht?

Rechnung: 508 – 29 = 479

Antwort: 479 Blumen sind aufgeblüht.

Achtung! Manche Informationen in einer Aufgabe sind unwichtig. Lass dich nicht davon verwirren.

Feine Pfützen

Eine kleine Gruppe von 6 543 Regentropfen verteilt sich gleichmäßig auf 3 Vertiefungen, um Pfützen für die Kinder zu bilden.

Frage: ______________________________

Rechnung:

Antwort: ______________________________

Lösung

Frage: Wie viele Regentropfen bilden eine Pfütze?

Rechnung: 6 543 Tropfen : 3 = 2 181 Tropfen

Antwort: 2 181 Tropfen bilden eine Pfütze.

Der Eiffelturm

Oskar und Jannika wollen aus Bausteinen den Eiffelturm nachbauen. Sie haben 12 weiße Steine, achtmal so viele blaue, sechsmal so viele rote und neunmal so viele grüne Steine zur Verfügung.

Frage: ______________________________

Rechnung:

Antwort: ______________________________

Wenn du Lust hast, kannst du ja auch mal versuchen, den Eiffelturm nachzubauen. Er steht übrigens in Paris und ist 324 m hoch.

Lösung

Frage: Wie viele Steine haben Oskar und Jannika insgesamt zur Verfügung?

Rechnung: 12 + 96 + 72 + 108 = 288

Antwort: Sie haben insgesamt 288 Steine zur Verfügung.

Arbeitsplanung

Peters Vater stellt monatlich 1 980 Ansichtskarten in seinem Betrieb her. Bis zu den Betriebsferien sind es noch 3 Monate und 6 Tage.

Achtung: 1 Monat wird mit 30 Tagen gerechnet!

Frage: ____

Rechnung:

Antwort: ____

Rechnen

Lösung

Frage: Wie viele Karten werden bis zu den Betriebsferien hergestellt?

Rechenweg 1:
3 · 1 980 Karten = 5 940 Karten
1 980 Karten : 30 = 66 Karten pro Tag
6 · 66 Karten = 396 Karten
5 940 Karten + 396 Karten = 6 636 Karten

Rechenweg 2:
3 · 30 Tage plus 6 Tage = 96 Tage
1 980 Karten : 30 = 66 Karten pro Tag
66 Karten · 96 = 6 336 Karten

Antwort: Bis zu den Betriebsferien werden 6 336 Karten hergestellt.

Viele Strümpfe

In einer Textilfabrik in Asien werden täglich 15 000 Paar Strümpfe hergestellt. Produziert wird auch am Wochenende. Im März fallen die Maschinen 6 Tage lang aus.

Frage: ______________________________

Rechnung:

Antwort: ______________________________

Lösung

Frage: Wie viele Paar Strümpfe werden im März hergestellt?

Rechnung: 31 Tage – 6 Tage = 25 Tage
25 · 15 000 Paar Strümpfe = 375 000 Paar Strümpfe

Antwort: Im März werden 375 000 Paar Strümpfe hergestellt.

Verhexte Zahlen

Ich denke mir eine Zahl, verdopple sie, subtrahiere dann 153 261 und multipliziere das Ergebnis mit 4. Wenn ich nun 32 104 addiere, erhalte ich 504 756. Trage die Zahlen in die Rechenkette ein und rechne.

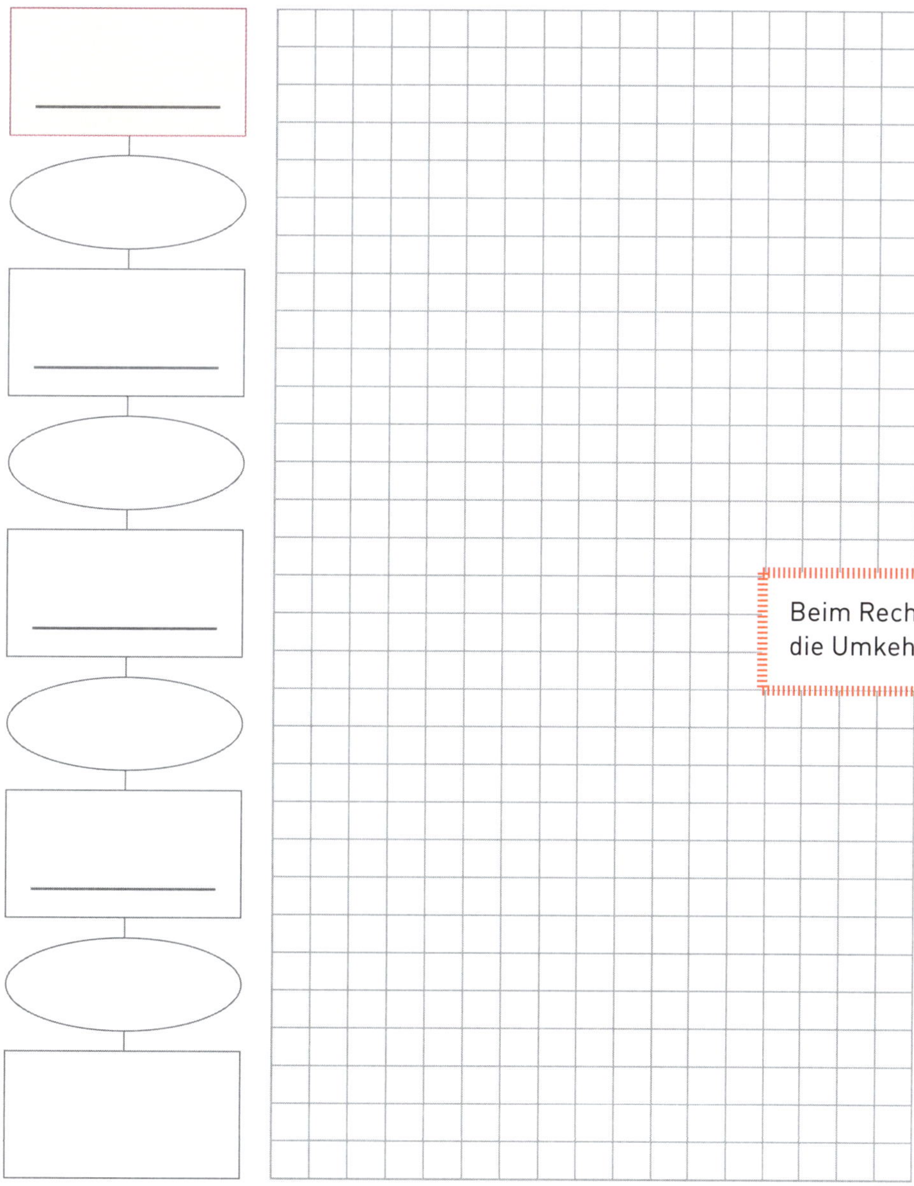

Beim Rechnen hilft dir die Umkehraufgabe!

Lösung

135 712

: 2

= 271 424

+ 153 261

= 118 163

: 4

= 472 652

− 32 104

504 756

Zahlen finden

Ich denke mir eine Zahl, multipliziere sie mit 4, subtrahiere 8, dividiere durch 2 und erhalte 48.
Wie heißt meine Zahl?

Rechnung:

Antwort: ______________________________

Rechnen

Lösung

Rechnung:

$26 \xleftarrow{:4} 104 \xleftarrow{+8} 96 \xleftarrow{\cdot 2} 48$

Antwort: Meine Zahl heißt 26.

Tina bekommt neue Inliner

Tina fährt gerne auf Inlinern. Ihre alte Ausrüstung passt ihr nicht mehr, sie braucht eine neue. Die Inliner kosten 125 €, die Arm- und Beinschoner 19 € und der Helm 68 €.
In ihrem Sparschwein hat Tina noch 100 €. Von ihren Großeltern bekommt sie 70 € dazu. Den Rest bezahlen ihre Eltern.

Beantworte die Rechenfragen.

A. Wie viel kostet alles zusammen?

Rechnung: ____

Antwort: Alles zusammen kostet ______€.

B. Wie viel Euro müssen ihre Eltern noch bezahlen?

Rechnung: ____

Antwort: Ihre Eltern müssen noch ______€ bezahlen.

Lösung

A. Rechnung: 125 € + 19 € + 68 € = 212 €

Antwort: Alles zusammen kostet 212 €.

B. Rechnung: 212 € – 170 € = 42 €

Antwort: Ihre Eltern müssen noch 42 € bezahlen.

Ein toller Ausritt

A. Setze die Begriffe an der richtigen Stelle ein.

am Nachmittag | viertel | erste | Hannah | halb | 4,5

Lisa und __________ reiten gemeinsam mit ihren Pferden aus. Die __________ Etappe führt sie nach 11 km zum Badesee. Dort können die Pferde genüsslich trinken. Dann reiten sie weiter zur ________ km entfernten Burgruine Gruselheim. Nach einer Rast von 20 Minuten reiten sie weiter und kommen nach 5 km zum Abenteuerspielplatz. Eine __________ Stunde spielen sie dort, bis sie sich zur letzten Etappe aufmachen, die __________ so lang ist wie ihre erste. Glücklich kommen sie ____________________ wieder nach Hause.

B. Vervollständige die Skizze.

Skizze

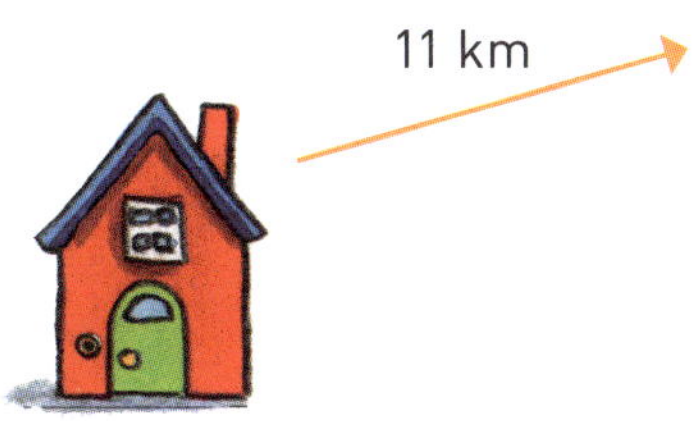

C. Rechnung: ____

____

Antwort: Sie sind insgesamt ______ km geritten.

Lösung

A. Lisa und Hannah reiten gemeinsam mit ihren Pferden aus. Die erste Etappe führt sie nach 11 km zum Badesee. Dort können die Pferde genüsslich trinken. Dann reiten sie weiter zur 4,5 km entfernten Burgruine Gruselheim. Nach einer Rast von 20 Minuten reiten sie weiter und kommen nach 5 km zum Abenteuerspielplatz. Eine viertel Stunde spielen sie dort, bis sie sich zur letzten Etappe aufmachen, die halb so lang ist wie ihre erste. Glücklich kommen sie am Nachmittag wieder nach Hause.

C. Rechnung: 11 km + 4,5 km + 5 km + 5,5 km = 26 km

Antwort: Sie sind insgesamt 26 km geritten.

Juchu – Ferien

Michael freut sich. In diesem Schuljahr hat er 7 Tage Herbstferien, 19 Tage Weihnachtsferien, eine Woche an Fasching frei, 11 Tage an Ostern, 2 Wochen Pfingstferien und 6 Wochen Sommerferien.
Wie viele Ferientage hat er insgesamt?

Rechne mithilfe der Tabelle.

Ferien	Wochen	Tage
Herbst	1	
Insgesamt:		

Antwort: ____

Lösung

Ferien	Wochen	Tage
Herbst	1	7
Weihnachten		19
Fasching	1	7
Ostern		11
Pfingsten	2	14
Sommer	6	42
Insgesamt:		100

Antwort: Michael hat insgesamt 100 Ferientage.

Das Hamstergehege

Frank baut mit seinen 3 Freunden aus Fertigteilen einen Zaun für das Hamstergehege im Garten. Jeder Junge baut 85 cm der gesamten Zaunlänge.

Frage: ____

Skizze

Rechnung:

100 cm = 1 m

Antwort: Der Zaun wird ______ m ______ cm lang.

Lösung

Frage: Wie lang wird der Zaun insgesamt?

Rechnung: 85 cm · 4 = 340 cm

Antwort: Der Zaun wird 3 m 40 cm lang.

Ein Mäusehochhaus

Noah und Jule bauen mit ihrem Vater ein Haus für ihre fünf Mäuse. Der 1. Stock ist 25 cm hoch, der 2. Stock 16 cm und der 3. und 4. Stock sind jeweils 23 cm hoch. Wie hoch ist das Dach, wenn das Haus insgesamt 1,24 m hoch ist?

Rechnung:

Antwort: ______________________________

Wenn du Schwierigkeiten beim Lösen der Aufgabe hast, dann zeichne dir doch eine Skizze auf ein extra Blatt Papier. Baue selbst ein Haus aus Papier. Wie hoch ist dein Haus?

Lösung

Rechnung: 25 cm + 16 cm + 23 cm + 23 cm = 87 cm
124 cm – 87 cm = 37 cm

Antwort: Das Dach ist 37 cm hoch.

Eine Strickleiter für den Garten

Tom hat mit seinem Vater im Garten eine Strickleiter an einen Baum gehängt. Im Abstand von 25 cm haben sie sechs Sprossen geknüpft. Die erste Sprosse ist auf einer Höhe von 30 cm angebracht und der Abstand von der letzten Sprosse bis zum Knoten am Ast beträgt 45 cm.
Wie hoch hängt der Ast?

Vervollständige die Skizze und rechne.

Skizze

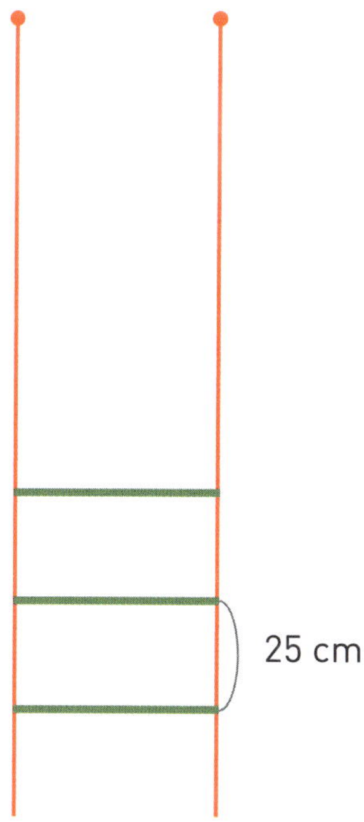

Antwort: ______________________________

Lösung

Rechnung: 30 cm + 45 cm = 75 cm
5 · 25 cm = 125 cm
75 cm + 125 cm = 200 cm

Antwort: Der Ast hängt 2 m hoch.

Das Rittermahl

Am Abend nach dem Ritterturnier findet ein großes Rittermahl statt. Kunibert isst 250 g Rebhuhn, $\frac{1}{2}$ kg Wildschwein, 150 g Kartoffeln, 30 g Preiselbeeren und 300 g Bratapfel. Kunibert wog vor der Mahlzeit 83 kg 400 g.

Frage: ______________________________

____

1 kg = 1 000 g

Antwort: ______________________________

Lösung

Frage: Wie schwer ist Kunibert nach der Mahlzeit?

Rechnung:
83 kg 400 g + 250 g + 500 g + 150 g + 30 g + 300 g
= 84 kg 630 g

Antwort: Kunibert wiegt nach der Mahlzeit 84 kg 630 g.

Die Tiere auf der Wippe

Die Tiere freuen sich, sie haben eine neue Wippe. Wenn auf der einen Seite der Elefant sitzt und auf der anderen Seite die Giraffe, das Nashorn und das Nilpferd gemeinsam Platz nehmen, ist die Wippe genau im Gleichgewicht. Der Elefant wiegt 6 t, das Nashorn 3,6 t und die Giraffe 800 kg. Wie viel wiegt das Nilpferd?

Rechnung:

1 t = 1 000 kg

Antwort: ______________________________

Lösung

Rechnung: 6000 kg – 3600 kg – 800 kg = 1600 kg

Antwort: Das Nilpferd wiegt 1,6 t.

Flohmarkt

Auf dem Flohmarkt hat Lukas 159 Fußballbilder
zu je 30 Cent verkauft. Wie viele Euro nahm er ein?

Rechnung:

100 ct = 1 €

Antwort: ______________________________

Lösung

Rechnung: $159 \cdot 30$ ct = 4 770 ct
100 ct = 1 €, also
4 770 ct = 47,70 €

Antwort: Lukas nahm 47,70 € ein.

Im Zirkus

Den Zirkus besuchten am Nachmittag 98 Kinder und 73 Erwachsene. Für Erwachsene kostet der Eintritt 13 €, für Kinder 6 €.

Frage: ____

Rechnung:

Antwort: ____

Lösung

Frage: Wie viele Euro nahm der Zirkus ein?

Rechnung: 73 · 13 € = 949 €
98 · 6 € = 588 €
949 € + 588 € = 1 537 €

Antwort: Der Zirkus nahm 1 537 € ein.

Neue Bücher

Die Lehrerin kauft für ihre Klasse eine neue Lektüre, 23 Bände zu je 4,75 €. Wie viele Euro muss sie von den Kindern insgesamt einsammeln?

Rechnung:

Antwort: ____

Lösung

Rechnung: $4{,}75\ € \cdot 23 = 109{,}25\ €$
oder ohne Komma:
$1\ € = 100$ ct, also $4{,}75\ € = 475$ ct
$475\ \text{ct} \cdot 23 = 10\,925$ ct
$100\ \text{ct} = 1\ €$, also $10\,925\ \text{ct} = 109{,}25\ €$

Antwort: Die Lehrerin muss 109,25 € einsammeln.

Sparsam

Simone hat jeden Monat die gleiche Zahl 2-Euro-Münzen gespart. Nach 5 Monaten hat sie mehr als 25 € und weniger als 50 € gespart. Wie viele 2-Euro-Münzen könnte sie jeden Monat gespart haben?

1. Monat	2. Monat	3. Monat	4. Monat	5. Monat

Antwort: ____

____

Lösung

Rechnung: Wenn Simone 6 € im Monat spart, hat sie nach 5 Monaten 30 €. Wenn sie 8 € im Monat spart, hat sie nach 5 Monaten 40 €.

5 · 6 € = 30 €
5 · 8 € = 40 €

Das sind jeweils mehr als 25 € und weniger als 50 €.
25 € < 30 € < 50 € und 25 € < 40 € < 50 €

6 € sind drei 2-Euro-Münzen
8 € sind vier 2-Euro-Münzen

Antwort: Simone hat jeden Monat drei oder vier 2-Euro-Münzen gespart.

Schulfesteinnahmen

Die Einnahmen des Schulfestes betrugen 2476 €.
Nach Abzug von 218 € für Unkosten sollen die 9 Klassen
je einen glatten Eurobetrag von dem Geld erhalten.

Frage: ______________________________

Rechnung:

Antwort: ______________________________

Lösung

Frage: Wie viele Euro erhält jede Klasse?

Rechnung: 2 476 € – 218 € = 2 258 €
2 258 € : 9 = 250 € + 8 : 9 oder 250 € Rest 8

Antwort: Jede Klasse erhält 250 €. 8 € bleiben übrig.

Getränke für alle

Für die beiden vierten Klassen einer Grundschule werden jeweils 4 Kisten Wasser gekauft. Sie kosten zusammen 10,56 €. In jeder Kiste sind 6 Flaschen.
Leila überlegt, wie viele Cent wohl eine Flasche kostet.

Rechnung:

Antwort: ____

Lösung

Rechnung: 1 € = 100 ct, also
10,56 € = 1 056 ct
1 056 ct : 8 = 132 ct
132 ct : 6 = 22 ct

Antwort: Eine Flasche kostet 22 ct.

Der höchste Berg der Welt

„Mein Weg von zu Hause über Schwimmbad, Fußballplatz und Bäcker und wieder nach Hause ist so lang, wie der Mount Everest hoch ist", weiß Uli.

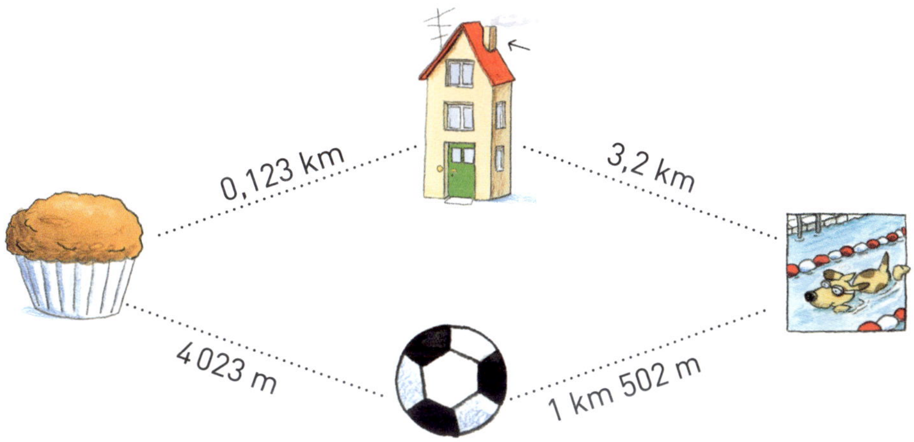

Frage: ______________________________

Rechnung:

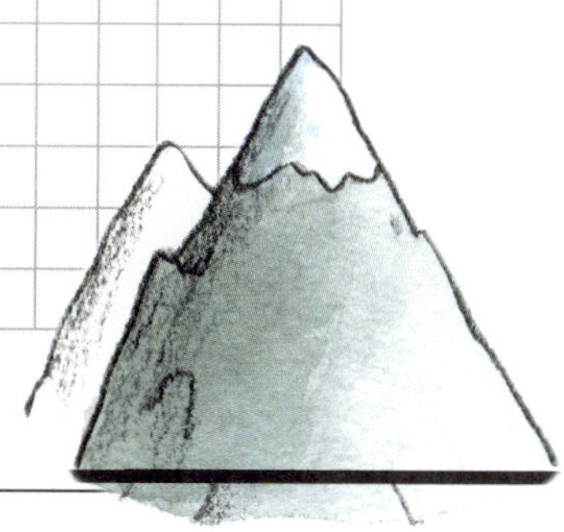

Antwort: ______________________________

Lösung

Frage: Wie hoch ist der Mount Everest?

Rechnung:

alles in m:
3 200 m + 1 502 m + 4 023 m + 123 m = 8 848 m

oder alles in km:
3,200 km + 1,502 km + 4,023 km + 0,123 km = 8,848 km

Antwort: Der Mount Everest ist 8 848 m
(oder 8,848 km) hoch.

Tiertransport

Die Tiergehege im alten Tierpark wurden zu klein. Welche Tiere kann der Laster mit einer Fahrt in den neuen Tierpark bringen, wenn er so schwer wie möglich beladen wird? Das zulässige Gesamtgewicht des Lkws beträgt 33 400 kg und sein Leergewicht 24 700 kg.

Giraffe	1,017 t
Tiger	145 kg
Nashorn	2 t 280 kg
Elefantenmama	4 817 kg
Elefantenkind	2,659 t

Rechnung:

Antwort: ______________________________

Lösung

Rechnung:

Der Laster kann maximal 33 400 kg – 24 700 kg
= 8 700 kg transportieren.

Die Elefanten wiegen zusammen 7 476 kg.
Die Giraffe kann dann noch mit: Die Elefanten
und die Giraffe wiegen zusammen 8 493 kg.
Und auch der Tiger passt noch drauf:
Mit ihm beträgt die Last 8 638 kg.

Antwort: Der Laster kann die Elefanten, die Giraffe und den Tiger transportieren.

Schulausflug

127 Dritt- und Viertklässler stehen bei einer Wanderung vor einer Brücke. Die Brücke darf laut Hinweisschild mit maximal 4,5 t belastet werden. Georg überlegt:

Frage: ______________________________

Rechnung:

Antwort: ______________________________

Lösung

Frage: Können alle Kinder gleichzeitig auf die Brücke?

Rechnung:

Hinweis: Überschlage, damit du
später das Komma richtig setzt:
130 · 30 kg = 3 900 kg

127 · 34,8 kg = 4 419,6 kg
4,5 t = 4 500 kg

Antwort: Ja, das können sie, denn 4 419,6 kg sind weniger als 4 500 kg.

Leas Lieblingssendung

Lea schaut auf die Uhr. Es ist 15.06 Uhr.
Ihre Lieblingssendung ist vor 11 Minuten
zu Ende gewesen. Sie fing um 14.20 Uhr an.

Frage: ______________________________

Rechnung:

Antwort: ______________________________

Lösung

Frage: Wie lange dauerte Leas Lieblingssendung?

Rechnung:

15.06 Uhr – 11 min in Schritten:
15.06 Uhr – 6 min = 15.00 Uhr
15.00 Uhr – 5 min = 14.55 Uhr

Von 14.20 Uhr bis 14.55 Uhr sind es 35 Minuten.

Antwort: Die Sendung dauerte 35 Minuten.

Schulweg

Marc und Irina stoppten, dass sie von zu Hause bis zur Schule 1 140 Sekunden brauchten. Max konnte sich unter dieser Angabe nun gar nichts vorstellen.

Frage: ______________________________

Rechnung:

Antwort: ______________________________

Lösung

Frage: Wie viele Minuten sind 1 140 Sekunden?

Rechnung:

Überlegung: 1 Minute (min) = 60 Sekunden (s)
(1 140 s verteilt auf 60-s-Abschnitte)

1 140 s : 60 s = 19 min

Antwort: 1 140 Sekunden sind 19 Minuten.

Krokodilstränen

Das arme Krokodil darf erst nach Hause, wenn es den Behälter mit seinen Tränen gefüllt hat. Es schafft 12 ml pro Tag.

Frage: ______________________________

Rechnung:

Antwort: ______________________________

Lösung

Frage: Nach wie vielen Tagen
darf das Krokodil nach Hause?

Rechnung:

Umwandlung in ml:
0,54 l = 540 ml

540 ml : 12 ml = 45

Antwort: Nach 45 Tagen darf das Krokodil nach Hause.

Wasser sparen

Michaels Vater hat einen neuen Duschkopf gekauft. Stolz erklärt er, dass die Familie damit beim Duschen in Zukunft viel weniger Wasser als bisher verbrauchen wird. Mit dem neuen Duschkopf liegt der Verbrauch bei 6 l pro Minute, mit dem alten lag er bei 10 l pro Minute. Wie viel Wasser spart man, wenn man nun 5 Minuten lang duscht?

Rechnung:

Antwort: ____________________________________

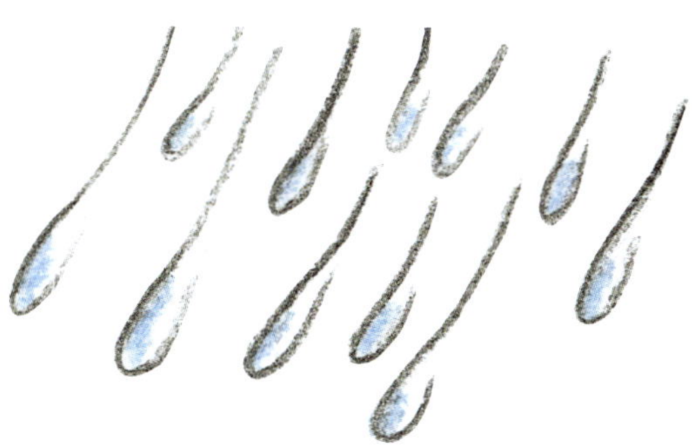

Lösung

Rechnung: 5 · 10 l = 50 l
5 · 6 l = 30 l
50 l – 30 l = 20 l

Antwort: Wer 5 Minuten lang duscht, verbraucht 20 l weniger als zuvor.

Kirschkernspucken

Die Kinder haben einen Wettkampf im Kirschkernspucken veranstaltet. Wer ist der Beste?

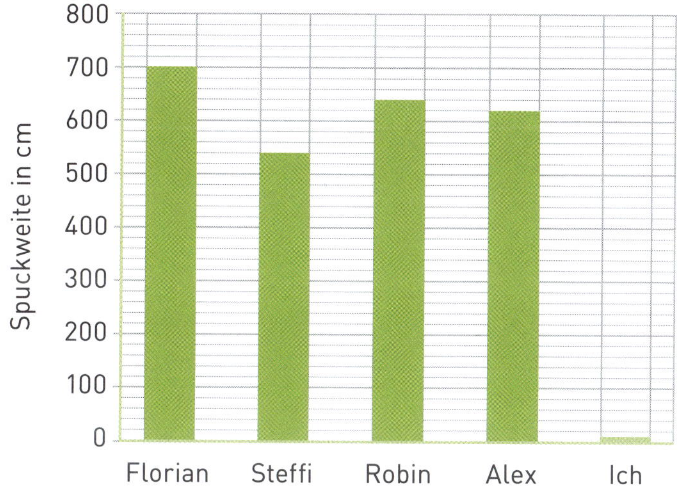

A. Wie weit kommst du? Trage dein Ergebnis in das Schaubild ein.

B. Beantworte folgende Fragen:

a. Was kannst du aus dem Diagramm ablesen?

____

b. Wie viele Kinder haben mitgemacht?

____

c. Wer hat am weitesten gespuckt?

____

d. Wer hat die geringste Weite erreicht?

____

e. Wie groß ist der Unterschied zwischen diesen beiden Weiten?

____

Lösung

A. Florian: 700 cm
Steffi: 540 cm
Robin: 640 cm
Alex: 620 cm

B.
a. Was kannst du aus dem Diagramm ablesen?
Wie weit die Kinder gespuckt haben.

b. Wie viele Kinder haben mitgemacht?
4 Kinder

c. Wer hat am weitesten gespuckt?
Florian: 700 cm

d. Wer hat die geringste Weite erreicht?
Steffi: 540 cm

e. Wie groß ist der Unterschied zwischen diesen beiden Weiten?
700 cm – 540 cm = 160 cm

Seilspringen

Bianca springt mit ihren Freundinnen Seil. Jedes Mädchen hat zwei Versuche. Die Kinder machen eine Strichliste, wie häufig sie es geschafft haben, am Stück zu springen.
Zeichne den ersten Versuch orange und den zweiten blau ein.
Ergänze in der Tabelle die Daten für Bianca.

	1. Versuch	2. Versuch
Bianca	___	___
Finja	32	27
Antonia	23	17
Johanna	9	15

Wie oft kannst du Seil springen, ohne dass das Seil hängen bleibt?

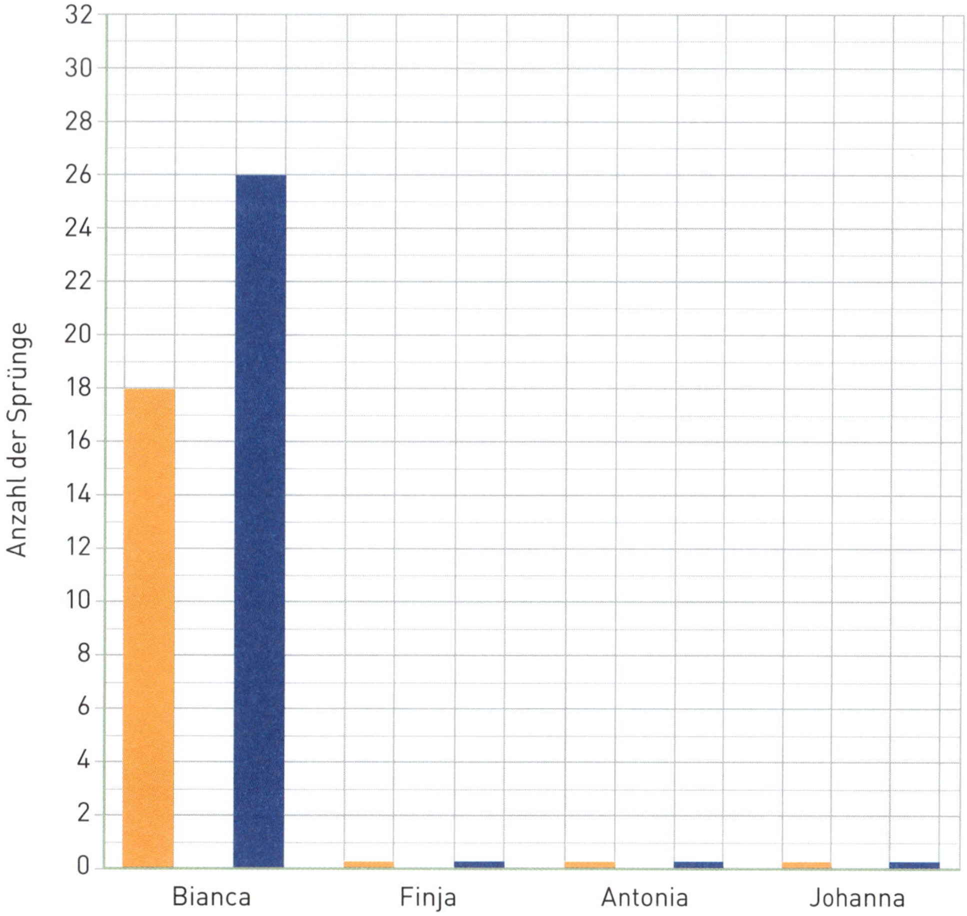

Lösung

Bianca: 1. Versuch: 18 2. Versuch: 26

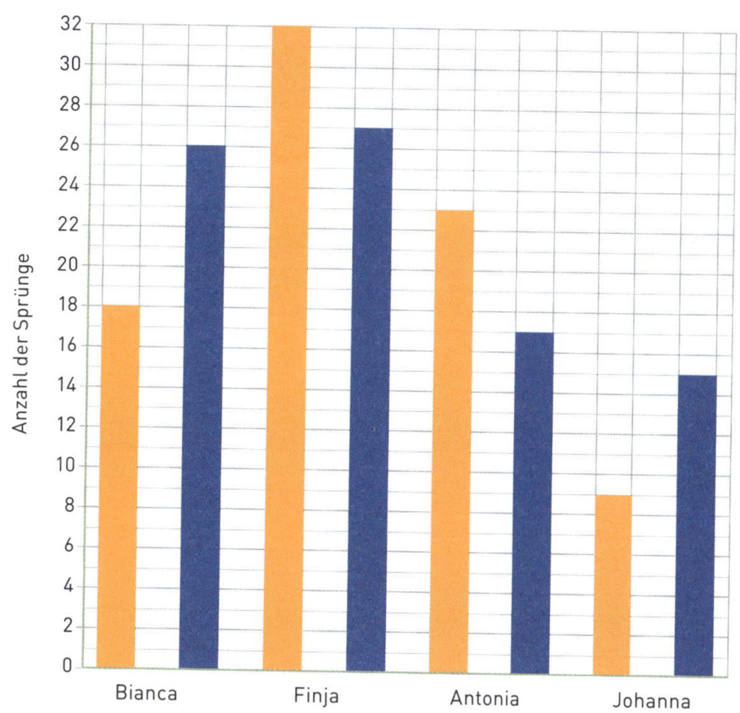

Bitte hier ausfüllen

und in der nächstgelegenen Schülerhilfe vor Ort abgeben.
Weitere Infos über die Schülerhilfe unter www.schuelerhilfe.de.

Vorname

Name

PLZ

Ort

Straße

Geburtsdatum

Telefon

E-Mail

*Gültig nur in teilnehmenden Schülerhilfen. Gültig nur für Neukunden. Nur ein Gutschein pro Kunde. Nicht gültig in Verbindung mit anderen Aktionen, Angeboten, Coupons oder Rabatten. Gültig nur für Einzelunterricht in kleinen Gruppen.